D1983992

SABINE BOEHRINGER

Steffi, die kleine Gärtnerin

11,-

GÖTTINGER GESCHENKAUSGABEN

SABINE BOEHRINGER

Steffi, die kleine Gärtnerin

W. Fischer-Verlag · Göttingen

ISBN 3 439 00442 2
© 1971 by W. Fischer-Verlag, Göttingen
Alle Rechte vorbehalten!
Titelbild und Illustrationen: Ingeborg Haun
Gesamtherstellung: Fischer-Druck, Göttingen

Steffi, die kleine Gärtnerin

Die Geburtstagsüberraschung

Wißt ihr, was Steffi dieses Jahr zu ihrem Geburtstag bekam? Etwas ganz Ungewöhnliches, aber etwas sehr Schönes: Sie bekam einen Garten. Natürlich lag der Garten nicht selbst auf dem Geburtstagstisch, zwischen den Lichtchen und dem Spielzeug, sondern im Blumenstrauß war ein kleiner Zettel versteckt, den Steffi zuerst vor lauter Freude über all die anderen Sachen gar nicht gesehen hatte. Darauf stand:

Ein Garten für Steffi

Ja, so war das! Steffi, die ja noch nicht lesen konnte, hielt der Mutter den Zettel fragend hin, und als Mutter ihn vorlas, wurde Steffi ganz rot; ein bißchen vor Freude, aber ein bißchen auch, weil sie sich schämte. Und das kam daher, weil nämlich Steffi ...

Aber ich will von vorn erzählen:

Steffi hatte Blumen schrecklich gerne. Wenn sie mit ihrem Vater am Sonntagmorgen hinausfuhr und sie beide durch Wiesen und Wald wanderten, pflückte sie für Mutter, die zu Hause das Mittagessen vorbereitete, immer die schönsten Sträuße. Einmal machte sie einen gelben Strauß, ein anderes Mal pflückte sie nur rote Blümchen, manchmal nur blaue, und oft brachte sie einen kunterbunten Blumenstrauß heim. Sie warf nie eine Blume fort, die sie einmal abgepflückt hatte, und stellte alle sorgfältig in die Vase, wenn sie nach Hause kam.

Eines Tages nun sagte die Kindergartentante, die sie so gerne hatte, zu Steffis Mutter: „Ach, wie schön, daß ich Sie treffe, Frau Huber! Vielen, vielen Dank für die Tulpen, die mir Steffi neulich mitgebracht hat!"

Und die dicke Kaufmannsfrau von nebenan sagte: „Ich danke Ihnen auch recht schön für die hübschen Nelken! Ich konnte sie so gut für meinen Ladentisch brauchen!"

Und als die Mutter Brot kaufte, meinte der Bäckermeister an der Ecke: „Wie nett von Steffi, daß sie uns immer so schöne Blumensträuße bringt."

Die Mutter war sehr verlegen, denn sie wußte ja von alledem gar nichts. Zu Hause rief sie Steffi und sagte: „Nun erzähl mir mal, woher du all die Blumen hattest, die du da verschenkt hast!"

Steffi lachte und war kein bißchen verlegen. Dann antwortete sie: „Na, hier in den Gärten wachsen

doch so schöne und sooo viele Blumen! Die habe ich eben abgepflückt! Die Kindergartentante und der Bäckermeister und die Kaufmannsfrau haben sich immer so gefreut!"

Da nahm die Mutter ihre kleine Steffi auf den Schoß und erklärte ihr, daß alle die Blumen den Leuten gehörten, die sie mit viel Mühe gesät, gepflanzt und gepflegt hatten und die nun ihre Freude daran haben wollten.

Da begriff Steffi, daß sie Blumen, die ihr nicht gehörten, auch nicht abpflücken durfte, und vor Schreck darüber, was nun die Leute von ihr denken würden, wurde sie ganz rot. Sie tat es natürlich nie mehr. „Daran habe ich gar nicht gedacht, Mutti!" sagte sie kleinlaut.

Als nun ihr nächster Geburtstag herankam, lag eben dieser Zettel auf dem Geburtstagstisch, auf dem Steffi einen Garten versprochen bekam. Sie konnte sich gar nicht vorstellen, wo er liegen sollte. Aber Vater erklärte ihr, daß der Hauswirt ihnen ein Stückchen Land hinten ganz am Ende des großen Gartens geschenkt hätte. Und das sollte ihr ganz allein gehören. Weil aber Steffi mitten im Winter Geburtstag hatte, lag jetzt noch eine dicke weiße Schneedecke über der Erde, und Steffi guckte jeden Morgen ungeduldig aus dem Fenster, ob nicht die Sonne schon ein bißchen Schnee weggeschmolzen hätte.

Aber es wurde immer kälter, und eines Tages sagte die Mutter: „Weißt du, Steffi, am besten wäre es doch, du stelltest, solang es noch kalt ist, ein Vogelhäuschen in deinen Garten. Da freuen sich die Vögel, die jetzt so wenig zu fressen finden, und singen dir dafür im nächsten Frühling ein besonders schönes Lied!"

Den Gedanken fand Steffi wundervoll! Am nächsten Sonntag baute sie zusammen mit dem Vater ein schönes Vogelhäuschen. An drei Seiten war es geschlossen, und an der vierten, offenen Seite befestigte Vater eine Stange, damit die Vögel besser anfliegen könnten. Dann kam ein grünes Dach darauf, um das Futter vor Nässe zu schützen, und Steffi band noch ein paar Tannenzweige obenauf, damit die Vögel denken sollten, sie säßen mitten im Walde.

Am nächsten Tag ging Steffi zur Kaufmannsfrau, die die Geschichte von den Blumen natürlich schon kannte. Sie lachte über das ganze Gesicht, als sie Steffis Wunsch hörte, und sagte: „Na, da wollen wir mal dem kleinen Fräulein auch eine Freude machen!" Und sie holte eine große Tüte und füllte sie mit Sonnenblumenkernen und mit Hanf und schenkte sie Steffi. „So", meinte sie, „nun grüße deine Vögel schön von mir und sag ihnen, sie sollen mir nicht im nächsten Frühjahr meinen Salatsamen aus der Erde holen!"

Steffi lachte und antwortete: „Ich werde es ihnen bestellen, Frau Mayer, und ich danke auch recht schön!"

Nun streute Steffi jeden Tag ein bißchen Futter hin, aber es kamen keine Vögel. Enttäuscht erzählte sie es dem Vater.

Aber der wußte wie immer Rat: „Du mußt ein paar Körnchen oben auf das Dach streuen", meinte er. „Dann merken die Vögel, daß es dort etwas Feines gibt, und gucken sich auch noch genauer um. Wenn sie dann unten im Häuschen den reich gedeckten Tisch finden, kommen sie bestimmt wieder."

So machte es Steffi dann, und bald war ein Betrieb an dem Häuschen, daß sie ihre helle Freude daran hatte.

Da kamen die Kohlmeisen mit den schwarzen Mützchen und die kleinen Blaumeisen, die aussahen, als wären sie aus bunter Wolle gemacht. Da kam der Kleiber, der so flink den Pfahl hinauflaufen konnte, auf dem das Vogelhäuschen stand, und da kam der dicke Kernbeißer, der immer die Flügel spreizte und den Schnabel weit aufriß, wenn andere Vögel ihn bei seiner Mahlzeit störten. Und natürlich kamen auch eine Menge Spatzen! Die sahen zwar nicht besonders hübsch aus, aber sie hatten schließlich auch Hunger, und Steffi jagte sie nicht fort.

Am späten Nachmittag, wenn es schon ein bißchen dunkel zu werden begann, war das Vogelhäuschen leer, denn die Vögel gingen ja viel früher schlafen als Steffi. Dann trat sie hinaus, nahm die leeren Schalen der Körner fort und streute neues Futter hin. Denn die Vögel gingen zwar früher schlafen als das

kleine Mädchen, aber sie wachten auch viel früher auf. Darum deckte ihnen Steffi schon am Abend vorher den Tisch, denn sie schlief gerne lange, und die Vögel sollten doch nicht vergebens zu ihrem Häuschen kommen.

Endlich wurde es wärmer, der Schnee taute weg, und keine Vögel ließen sich mehr am Häuschen blikken, denn sie fanden nun schon Käfer und Würmer in den Baumrinden und auf der Erde. Vater brachte das Vogelhäuschen in den Keller.

Und endlich war es soweit:

Steffi band ihre grüne Gartenschürze um, die auch auf dem Geburtstagstisch gelegen hatte, nahm den kleinen Spaten und die Harke und ging das erste Mal in ihr Gärtchen. Ach, war das eine Arbeit! Steffi grub um und hackte und harkte und hatte abends einen Riesenhunger. Mutter half ihr bei der Arbeit. In die Mitte säten sie nur Gras, und rundherum zogen sie mit einem Stock Rinnen. Dahinein durfte Steffi allerlei Körnchen legen. Das würde eine Überraschung geben! Mutter hatte nur verraten, daß es weiße, rote, gelbe und blaue, hohe und niedrige, kleine und große Blumen werden würden, wenn die Sonne nur schön schiene und Steffi immer fleißig Unkraut rupfen und gießen würde.

Das Kuckucksei im Nest

Ganz dicht an Steffis Kinderzimmerfenster unter dem Dach stand eine große alte Linde. Jeden Morgen lief Steffi ans Fenster und sagte: „Guten Morgen, Lindenbaum! Wie geht es dir?“ Und wenn dann seine Zweige im Winde rauschten, meinte sie, seine Antwort zu hören.

Eines Tages bemerkte Steffi zwei kleine Vögel, die emsig Grashälmchen, dünne Wurzeln und kleine Reiser brachten und sie in einer Astgabel aufeinanderschichteten. Später brachten sie dann Moos, Haare und Flöckchen Tierwolle. Bald erkannte Steffi, daß dort ein Vogelpärchen sein Nest baute. Das war eine Freude für das kleine Mädchen! Vater sagte ihr, daß es Grünlinge wären.

Nun konnte es Steffi jeden Morgen kaum erwarten, „ihr“ Nest anzugucken. Endlich war es fertig: so weich und liebevoll zurechtgemacht, wie eine Mutter die Wiege für ihr Kind vorbereitet, und das erste kleine Ei lag darin. Bald waren es fünf. Mutter Grünling setzte sich darauf und brütete.

Viele Tage hatte Steffi erwartungsvoll aus dem Fenster gesehen, ob nicht schon ein Vögelchen aus dem Ei geschlüpft wäre. Endlich war es soweit! Eine Eischale nach der anderen zersprang, und bald saßen fünf kleine nackte Vögelchen im Nest. Ein emsiges An- und Abfliegen der Vogeleltern begann jetzt, und Steffi bewunderte die fleißigen kleinen Eltern.

Aber nach drei Tagen waren nur noch vier Vögelchen im Nest, ein paar Stunden später nur noch drei, am Abend nur noch zwei, und am nächsten Tag saß nur noch eines, das dickste, darinnen und hatte sich so breit gemacht, daß es das ganze Nest ausfüllte.

Aufgeregt lief Steffi zum Vater. Der sah sich die Sache an, schüttelte den Kopf und sagte: „Na, so was! Da hat doch ein Kuckuck sein Ei in ‚unser' Nest gelegt! Eigentlich ist er recht scheu, aber er getraute sich wohl hierher, weil wir so nahe am Walde wohnen und weil die Linde so dicht und groß ist."

„Aber wo sind nun die anderen Vögelchen?" fragte Steffi traurig. „Sie konnten doch noch nicht fliegen, denn sie hatten doch noch keine Federchen."

„Die hat der kleine Kuckuck einfach über den Nestrand geschubst. Wir wollen unter dem Baum suchen! Bestimmt liegen sie dort!" sagte der Vater.

Als sie hinunterkamen, sahen sie die vier Kleinen am Boden liegen. Sie waren tot. Steffi holte ihre Schippe und begrub sie unter dem Lindenbaum. Und noch etwas fanden sie: eine zersprungene Eischale! Das war das Ei, das die Kuckucksmutter hinausgeworfen hatte, als sie ihr eigenes hineinlegte.

Steffi war sehr traurig, als sie die Vögelchen begrub, und mochte den kleinen Kuckuck, der sich als einziges Kind im Nest sichtlich wohl fühlte, gar nicht mehr leiden. Das Vogelpärchen aber schien von allem nichts gemerkt zu haben und schleppte eifrig und unverdrossen Futter für den kleinen Vielfraß heran.

Allmählich vergaß Steffi ihren Kummer, zumal Vater den kleinen Vielfraß entschuldigte: „Er kann ja nichts dafür, daß seine Mutter ihr Ei in ein fremdes Nest legte!"

Jeden Tag schien der „Dickmops“ ein Stück zu wachsen. Bald war er größer als seine Pflegeeltern. Aber weiterhin saß er aufgeplustert und anspruchsvoll im Nest. Eigentlich saß er schon nicht mehr i m Nest, sondern a u f dem Nest, denn sein geschecktes Federkleid ragte überall über die Nestwände hinaus.

Eines Tages saß er auf dem Zweig neben dem Nest. Jetzt sah man erst, wie groß er schon war! Er hüpfte ungeschickt auf dem Ast hin und her und verlor immerfort das Gleichgewicht. Plötzlich saß er unter dem Lindenbaum auf dem Boden! Aufgeregt flatterte das Vogelpärchen um ihn herum. Aber bald hatte er gelernt, wozu er seine Flügel gebrauchen konnte, und nach kurzer Zeit war er nicht mehr zu sehen.

Und wenn Steffi viele Jahre später ab Mitte April einen Kuckuck rufen hörte, dachte sie immer noch an das Nest in der Linde und horchte: „Ob jetzt wohl unser ‚Dickmops‘ ruft? Wie mag es ihm den Winter über in Afrika gefallen haben?“

Ein Brief an die Großmama

Nachdem Steffi nun im Frühling so fleißig gewesen war, blühte es im Sommer in ihrem kleinen Gärtchen in den herrlichsten Farben: Gelbe Sonnenblumen strahlten über das ganze Gesicht, rote und gelbe Hahnenkresse wucherte über den Weg, Akelei wiegte sich zart im Wind, und bunte Wicken krochen am Zaun empor.

In einer Ecke standen Studentenblumen, die gar nicht aufhören wollten zu blühen.

Die schönen Zinnien aber am Eingang des Gartens mochte Steffi am liebsten: Sie sahen aus wie die Farben in ihrem neuen Tuschkasten.

Und noch etwas war aufgegangen: Spinat, den Steffi so schrecklich gerne aß und der aus ihrem eigenen Garten noch viel besser schmeckte als der von der Gemüsefrau auf dem Markt.

„Weißt du, Mutti", sagte Steffi eines Tages, als sie gerade aus dem Garten hereingekommen war, „es wäre doch herrlich, wenn Großmama meinen Garten mit all den Blumen sehen könnte. Ich möchte sie so gerne einladen, aber ich kann ja noch nicht schreiben!"

Da klingelte es an der Haustür: dreimal kurz und einmal lang. Das war Christian aus dem Haus nebenan. Steffi stürzte zur Tür. „Christian, du kommst gerade recht! Du kannst doch schon schreiben! Schreib mir einen Brief an meine Großmama! Bitte!" setzte sie schnell hinzu, als sie sah, daß Christian gar kein begeistertes Gesicht machte.

„Na ja“ meinte er zögernd, „schreiben kann ich schon, aber manchmal mache ich noch einen Fehler, bei schweren Wörtern und so.“

„Das macht nichts. Du mußt eben aufpassen“, sagte Steffi, „meine Großmama weiß immer, was gemeint ist. Ich schenke dir auch einen Blumenstrauß dafür!“

„Hm“, überlegte Christian und sah angestrengt zur Decke, „Bonbons wären mir eigentlich lieber!“

„Meinetwegen auch Bonbons“, sagte Steffi großzügig, denn wenn sie auch die Bonbons gerne selbst gegessen hätte, so war ihr doch jetzt der Brief an die Großmutter viel wichtiger.

Christian schien immer noch wenig Lust zu haben, aber er folgte Steffi doch in ihr Zimmer und setzte sich an den Tisch.

„Los!“ sagte er und legte sich noch schnell ein Kissen auf seinen Stuhl. Steffi setzte sich ihm gegenüber und diktierte:

„Liebe Großmama! Wie geht es dir? Mir geht es gut!“

„Quatsch!“ sagte Christian. „Das hat doch gar nichts mit einer Einladung zu tun!“

„So fängt man immer Briefe an“, belehrte ihn Steffi, „nun schreib schon! Hast du's?“

„Klar!“ brummte Christian.

„In meinem Garten blühen viele Blumen: Zinnien und Akelei und . . .“

„Das kann ich noch nicht schreiben, das ist viel zu schwer“, schimpfte Christian.

„Dann schreib wenigstens Sonnenblumen und Studentenblumen. Kannst du das?“ fragte Steffi schon etwas ungeduldig.

„Mal sehen! – Bist du nicht bald fertig mit deinem Brief?“

„Nein, jetzt kommt ja erst die Hauptsache!“ sagte Steffi und dachte nach.

„Haach!“ stöhnte Christian. „Immer noch mehr! Meine Hand tut mir ja schon weh!“

„Du bekommst auch viele Bonbons“, redete ihm Steffi gut zu. „Aber nun schreib! Also:

Bitte, liebe Großmama, komm recht bald zu uns, sonst sind alle abgeblüht. Am besten komm schon morgen. Viele Küsse, deine Steffi.“

„So, und nun gib die Bonbons her!“ sagte Christian und reckte sich. Es war doch recht anstrengend gewesen, und er fand, daß er Steffis Bonbons mit gutem Gewissen nehmen konnte.

„Zuerst lies mir den Brief noch einmal vor“, bat Steffi.

Christian setzte eine wichtige Miene auf und buchstabierte:

„Liebe Großmama!

Wie geht es Dir? Mir geht es gut. In meinem Garten blühen viele Blumen. Sonnenblumen und Studentenblumen.
Bitte, liebe Großmama, komm recht bald zu uns, sonst sind sie alle abgeblüht. Am besten komm schon morgen.

Viele Küsse Deine Steffi."

„Wunderbar! Vielen Dank!" rief Steffi und schwenkte den Brief.

Am nächsten Tag brachte sie ihn zur Post, aber es dauerte noch eine ganze Weile, bis eines Morgens der Briefträger Kulicke Sturm läutete und ein Telegramm brachte. Wie freute sich Steffi! In dem Telegramm stand nämlich, daß am gleichen Tage die Großmama kommen würde. Und das tat sie dann wirklich.

Steffi war glücklich, denn Großmutter konnte so schöne Geschichten erzählen und hatte so viel Zeit für Steffi wie sonst keiner. Und damit die Großmutter es im Garten recht bequem haben sollte, baute der Vater eine Bank, auf der konnte sie immer sitzen und Steffi bei der Gartenarbeit zuschaun.

Die Geschichte vom Zuckergarten

„Es wäre doch vielleicht ganz lustig, wenn dein Gärtchen ein Zuckergarten wäre!" meinte Großmama eines Tages und machte ein verschmitztes Gesicht.

„Was ist denn ein Zuckergarten?" fragte Steffi gespannt.

„Komm! Setz dich zu mir! Ich will dir die Geschichte vom Zuckergarten erzählen."

Neugierig setzte sich Steffi an Großmamas Seite. Und die Großmama begann: „Es war einmal ein Kind, das wollte immer nur Süßes essen. Morgens, wenn es gerade aufgestanden war, lief es in die Küche und holte sich die Tüte mit dem Zucker. Davon aß es eine ganze Handvoll. Das Brot, das die Großmutter ihm fertiggemacht hatte, konnte und konnte es einfach nicht essen. Aber es naschte noch drei dicke Löffel Marmelade, und bis Mittag war auch die Bonbontüte leer.

Beim Mittagessen schob das Kind den Teller mit dem guten Gemüseeintopf zur Seite und sagte: ‚Ich esse nur Pudding mit Himbeersoße!‘ Also kochte ihm die Großmutter einen großen Topf voll Pudding, denn sie hatte Angst, das Kind könne verhungern. Nachmittags aß es dann sieben Stücke Torte mit Schlagsahne und abends drei Teller Schokoladenbrei.

Als nach einiger Zeit die Mutter das Kind wieder heimholen wollte, fiel sie fast um vor Schreck! Das Kind war so dick geworden, daß man es kaum wiedererkannte. Aber es wollte auch weiterhin immer nur Süßes essen und schrie und strampelte, wenn man ihm etwas anderes geben wollte. Es war nun schon so dick, daß es keine Lust mehr hatte, zu spielen. Und das ist schlimm, nicht wahr?

Da sagte die Mutter: ‚Wir wollen unsern alten Doktor fragen! Vielleicht weiß er Rat!‘

Sie gingen also zum Doktor. Der sah das Dickerchen an, zog die Stirne in Falten und sprach: ‚Da hilft am besten eine Zuckerkur! Wir schicken das Kind, so lange es will, in den Zuckergarten.‘ Das hörte das Kind natürlich sehr gern und stand schwerfällig auf, um nur recht bald dorthin zu gelangen. Die Mutter war einverstanden, und sie gingen los.

Am Gartenzaun blieben sie alle stehen, und nur das Kind durfte hineingehen. War das eine Freude! Am Wegrand standen Blumen aus Zuckerschaum,

die Baumstämme waren aus Schokolade, die Blätter aus Marzipan. Der Tisch in der Mitte des Gartens war eine riesige Torte. Die Wege waren mit Zuckerguß überzogen, denn wenn man einmal hinfiel, sollte man sich schnell mit Zuckerlecken trösten können. Und hinten, in der äußersten Ecke des Gartens, lag ein großer Schlagsahneberg, größer als das Kind selbst! Aus einem Brunnen floß dunkelroter Himbeersaft, und daneben stand ein richtiges Pfefferkuchenhaus. Und alles das durfte das Kind aufessen! Es wußte gar nicht, wo es zuerst anfangen sollte.

Am ersten Tag hatte es schon so viel geschleckt, daß ihm ganz übel war. Abends legte es sich ins Pfefferkuchenhaus, aber selbst da mußte es noch ein kleines bißchen daran knabbern. ‚Morgen werde ich weniger essen!' dachte es und schlief ein.

Aber am zweiten Tag hatte es genau solchen Appetit wie am ersten. So ging es acht Tage lang. Da setzte sich das Kind an den Tortentisch, stützte den Kopf in die Hände und seufzte: ‚Ach, hätte ich doch nur etwas Saures zu essen! Ich will mein ganzes Leben lang nur noch saure Sachen essen!'

Der Doktor, der sich gerade das Kind einmal ansehen wollte, hörte es und sagte: ‚Gut! Komm mit! Wir gehen jetzt in den Essiggarten! Du sollst ruhig immer deinen Willen haben!'

Das Kind folgte ihm freudig und sah sich nicht einmal mehr nach dem Zuckergarten um.

Endlich kamen sie zum Essiggarten. Der war nur klein, und das Kind dachte: ‚Da werde ich ja niemals satt!' Aber dann trat es neugierig ein und pflückte sich schnell eine saure Gurke vom Strauch. Daneben hingen saure Trauben, und aus dem Brunnen floß ungezuckerter Zitronensaft. In der Mitte des Gartens lag ein riesiger Berg Sauerkraut, und darauf stand ein Hahn, der war ganz mit Essiggelee überzogen. An den Bäumen gab es nur Zitronen, und im Teich, der ganz mit Essigwasser gefüllt war, schwammen saure Heringe.

Das Kind war glücklich und aß von morgens bis abends. Aber nach drei Tagen bekam es Bauchweh und jammerte: ‚Ich möchte heim zu meiner Mutter und einen Teller voll Gemüse essen und Kartoffeln und Brot und Äpfel! Ach, wenn ich doch nur erst zu Hause wäre!' Es setzte sich traurig unter einen Zitronenbaum und aß drei Tage überhaupt nichts mehr.

Als der Doktor kam, war es gar nicht mehr dick und rannte ihm schnell entgegen. ‚Ob meine Mutter mir schon Gemüse und Kartoffeln gekocht hat?' fragte es. Es lief immer schneller und schneller, so daß der Doktor kaum folgen konnte, und als es zu Hause die Gemüsesuppe roch, stürzte es sofort in die Küche. Dort aß es, daß es eine wahre Freude war.

Es aß nun immer, was die Mutter auf den Tisch brachte, denn es wollte auf gar keinen Fall noch einmal in den Zuckergarten und schon gar nicht in den Essiggarten.

Als es dann wieder einmal zur Großmutter kam und gar nichts Süßes verlangte, wunderte die sich sehr, aber das Kind sagte nichts, denn es mochte gar nicht mehr an den Zuckergarten denken und erst recht nicht darüber sprechen." –

Als die Großmutter fertig war, lachte Steffi und lachte und lachte. Dann meinte sie: „Ich esse immer alles, eigentlich schade! Ich möchte doch wenigstens einmal durch solchen Garten gehen dürfen." Dann ging sie wieder an die Arbeit.

Krabbeltiere in Steffis Garten

Als Steffi endlich müde war und keine Lust mehr zum Unkrautrupfen hatte, legte sie sich mitten in ihre Wiese und sah in den blauen Himmel. Hoch oben zogen die Wolken vorüber, die oft so seltsame, lustige Formen hatten. Einmal sahen sie aus wie ein Luftschiff, ein anderes Mal wie ein Schneegebirge, und dann wieder wie Briefträger Kulicke mit einem Schnauzbart und einer dicken Nase.

Manchmal legte sie sich aber auch auf den Bauch und sah in das grüne Gras, und das war beinahe noch schöner, denn da kamen viele Krabbeltiere, die sie noch niemals vorher gesehen hatte.

Das erste Mal war es ein dicker, stahlblauer Käfer. Er glänzte, als hätte ihn jemand mit Schuhwichse geputzt. Er krabbelte behäbig und ungeschickt über einen kleinen Erdbrocken, kippte dann um und zappelte hilflos mit seinen sechs Beinen in der Luft.

Steffi drehte ihn wieder um.

„Wer ist denn das?" fragte sie neugierig ihre Großmutter.

„Das ist ein Mistkäfer!“ antwortete diese. „Und das hat seinen Grund! Er dreht nämlich aus allerlei Unrat Kugeln und legt dahinein seine Eier, damit seine Kinder, wenn sie aus den Eiern schlüpfen, sofort etwas zu fressen haben.“

„Puh!“ machte Steffi, „mögen die denn das? Das wäre aber nicht mein Geschmack!“ Und sie schüttelte sich.

„Du Dummerle, das ist gut so!“ meinte die Großmutter. „Seine Familie hilft allerhand Schmutz von den Wegen räumen, und außerdem sieht er doch wirklich hübsch aus!“

Der Mistkäfer humpelte schwerfällig davon.

Dann war es eine Biene, die Steffis Blumen besuchte. „Guten Tag, Frau Wespe!“ sagte Steffi vergnügt.

„Oh“, lachte die Großmutter, „da irrst du dich aber sehr! Das ist eine Biene! Eine gewöhnliche Wespe hat keinen Pelz wie die Bienen, sie ist größer und hat einen schwarz-gelb gestreiften Rock an. Sie ist böse und sticht bei jeder Gelegenheit, während die Bienen nur stechen, wenn sie in Lebensgefahr sind. Und dabei müssen sie dann meistens ihr Leben lassen, während die Wespe weiterfliegt und noch viele Leute stechen kann. Na, und der Honig! Ißt du nicht gerne Honig, Steffi?“ fragte die Großmama.

„Lieber als alle Marmelade!" sagte Steffi und leckte sich die Lippen.

„Ja", fuhr die Großmutter fort, „die Bienen sind den Menschen nützlich, denn sie sammeln Honig, das tun die Wespen nicht. Man muß sehr fleißig sein, wenn man Honig sammeln will, und dazu haben die zänkischen Wespen gar keine Zeit!"

„Oh, ich weiß!" antwortete Steffi stolz. „Ich kenne sogar ein Gedicht von den Bienen! Soll ich es dir einmal aufsagen, Großmama? Ich habe es im Kindergarten gelernt!" Und sie stellte sich feierlich vor die Großmutter hin und begann:

„Viele hundert Honigbienchen
sind schon aufgewacht,
denn der Frühling kam ganz leise
heute über Nacht.

Und die ersten Bienendamen
wagen sich hinaus,
lassen sich ihr Pelzchen wärmen
vor dem Bienenhaus.

Süßer Weidenkätzchenduft
weht dort von dem Hügel.
Und die Bienen prüfen schnell
ihre lahmen Flügel.

Und noch zaghaft machen sie
sich dann auf die Reise,
denn die Weidenkätzchen sind
erste Bienenspeise.

Darum laßt die Kätzchen stehn,
pflückt sie nicht zum Strauß!
Gönnt den fleiß'gen Honigbienen
ihren ersten Schmaus."

„Das ist richtig!“ sprach die Großmutter und nickte mit dem Kopf. „Wenn nur immer alle Leute daran denken wollten! Dann ginge es den Bienen im Frühjahr besser!“

Da kam eine dicke Hummel angebrummt und setzte sich neben die Biene.

„Die ist aber vollgefuttert!“ lachte Steffi.

„Das ist ja auch keine Biene, sondern eine Hummel!“ erklärte die Großmama. „Sie gehört zwar auch zur Familie der Bienen, aber das Honigsammeln ist ihr zu anstrengend. Sie ist ja auch in ihren dicken Pelz so eingemummt, daß man sich schon denken kann, wie ungern sie sich in der Sommerhitze anstrengt. Sie hat nicht einmal Lust, einen zu stechen.“

Schwerfällig erhob sich die Hummel und flog mit lautem, tiefem Summen in den Nachbargarten.

Am Nachmittag kam ein Grashüpfer in Steffis Garten. Beinahe wäre er auf ihrer Nase gelandet. Er stieß an ihr Bäckchen und fiel neben ihr ins Gras. Als er seine langen Beine wieder geordnet hatte, stieg er auf einen hohen Grashalm hinauf.

„Das ist ein lustiger Hopser!“ sagte die Großmutter. „Er ist ständig im Trab! Hierhin und dorthin, immer hopplahopp, und nie weiß er, wo er ankommt.“

Der Grashüpfer zirpte munter mit den Flügeln.

„Wie heißt denn dieses Tier eigentlich?" fragte Steffi verwundert, denn solchen langbeinigen Gesellen hatte sie noch nie gesehen, und sie war überzeugt, daß Großmama alles wußte.

„Das ist ein Heuschreck", antwortete diese, und Steffi spitzte die Ohren. Was konnte man von der Großmama nur alles lernen!

„Sehr flink und sportlich und sehr musikalisch ist er! Hör nur!"

Gerade fiedelte der kleine Kerl wieder munter darauflos.

„Wie macht er denn das?" wollte Steffi wissen.

„Er macht die Musik mit seinen Flügeln", erklärte die Großmutter. „Aber er nimmt sich nicht viel Zeit dazu. Immer will er weiter. Da zirpt er wieder ein bißchen, und hops! – ist er schon wieder woanders."

„Das ist aber komisch!" meinte Steffi nachdenklich. „Ich kann nur mit meinem Mund pfeifen, und Vati kann auf der Geige spielen!"

Der Heuschreck hielt mit seinem Konzert inne, nickte wie zum Abschied mit seinem dicken Kopf, funkelte mit seinen Perlenäuglein, ließ seine langen Fühler durch die Luft tasten, und – hast du nicht gesehen! – war er fort, wie die Großmutter es gerade erzählt hatte.

Da kamen zwei Schmetterlinge angeschaukelt und setzten sich vor Steffi gerade auf ein Gänseblümchen. Der eine war fast weiß, der andere wunderschön bunt.

„Das ist ein Kohlweißling und der bunte ein Pfauenauge!" stellte Großmutter die beiden vor.

„Was du alles weißt!" wunderte sich Steffi und setzte sich behutsam an Großmamas Seite.

Die Schmetterlinge schoben ihre zarten Rüssel, die Steffi vorher gar nicht gesehen hatte, weil sie aufgerollt gewesen waren, tief in die Blümchen hinein. Man merkte richtig, wie gut es ihnen schmeckte.

Steffi wollte den bunten gerne in die Hand nehmen, aber Großmama rief schnell: „Bitte, faß ihn nicht an, denn dann muß er sterben. Das Muster auf seinen Flügeln ist nur ganz zart aufgepudert, und wenn du es abwischst, kann er nicht mehr leben!"

Erschrocken zog Steffi ihre Hand zurück. „Erzähl mir mehr von den beiden, Großmama!" bat sie.

„Das will ich gerne tun!" sagte die Großmutter und freute sich über die Wißbegier ihrer kleinen Enkelin. „Hör nur gut zu! – Also, zuerst waren die beiden Raupen. Die Kohlweißlingsraupen fressen am liebsten Kohlblätter. Das haben die Menschen natürlich nicht gerne, und darum können sie sie nicht leiden und vernichten sie, wo sie sie finden. Wenn sich die Raupen so richtig sattgefressen haben, werden sie sehr müde, denn auch Fressen strengt an. Sie verkriechen sich dann hinter einem Holzbrett oder an einer anderen geschützten Stelle und machen sich mit einem selbstgesponnenen Faden fest. So warten sie, bis eine feste Hülle um sie wächst. Dann sind sie keine Raupen mehr, sondern Puppen. Und während sie den Winter über schlafen, verwandeln sie sich langsam in ihrer Hülle zu Schmetterlingen.

Wenn dann die Hülle zu eng wird, reckt sich der Schmetterling darin, bis sie platzt. Dann kriecht er hinaus, und die Sonne trocknet seine noch feuchten Flügel. Dabei hilft er ein bißchen mit, indem er sie immer auf- und zuklappt. Jetzt erst kann er davonfliegen und nährt sich nun nicht mehr von Blättern, sondern vom Nektar der Blüten, den er mit Hilfe seines langen zarten Rüssels aus dem Grunde der Blüten schlürfen kann. Da staunst du, nicht wahr?"

„Ja, wirklich!" rief Steffi und wandte sich dem Pfauenauge zu. „War der denn auch zuerst eine häßliche Raupe?"

„Gewiß!" antwortete die Großmutter, „aber warum nennst du die Raupen häßlich? Sieh dir nur einmal eine ganz genau an, dann wirst du sehen, wie hübsch die meisten sind."

Da flogen die Schmetterlinge auch schon weiter in Nachbars Garten.

„Sie wollen bis zum Sonnenuntergang satt sein, und dazu müssen sie viele Blüten besuchen, denn in jeder Blüte ist nur eine ganz kleine Menge Nektar, so nennt man nämlich die süße Flüssigkeit, die die Schmetterlinge so lieben.“

Die Geschichte vom Tausendfüßler

Steffi blieb noch eine Weile neben der Großmutter sitzen und wippte mit den Fußspitzen. Da kam ein seltsames Tier angelaufen. Schnell zog sie ihren Fuß zurück. „Puh!“ machte sie, „guck doch nur mal, Oma, das hat ja so viele, viele Beine! Sieht das aber komisch aus!“

„Ja, das ist ein Tausendfüßler! Aber wenn du die Beine nachzählst, merkst du, daß es längst nicht tausend sind. Aber da fällt mir eine Geschichte vom Tausendfüßler ein. Willst du sie hören?“

„Freilich, Oma! Erzähle!“ rief Steffi begeistert und umarmte die Großmama, die ihr so viel Freude machte.

„Also“, begann die Großmutter, „da lebte einmal ein Tausendfüßler glücklich und zufrieden im Walde. Morgens besuchte er auf einen Schwatz seinen Freund, den Hirschkäfer, der am Waldrand auf den Eichen wohnte, mittags marschierte er zu dem großen Stein am Weg und ließ sich die Sonne auf den

Rücken scheinen, und bevor er sich abends zur Nachtruhe legte, mußte ihm der langbeinige Weberknecht noch das Neueste vom Tage berichten, denn er kam weit im Walde herum und wußte immer so viel Interessantes zu erzählen:

Da hatten zwei Hirschkäfer so erbittert miteinander gekämpft, daß dem einen die Zangen abgebrochen waren, da hatte der Regen eine tote Maus auf den Weg geschwemmt, die Hummeln hatten ihre Erdlöcher bezogen, ja sogar bis zu der großen Wegkreuzung war der Weberknecht gelaufen, an der der riesige Ameisenhaufen liegt. Ein Mann hatte mit seinem Spazierstock darin herumgewühlt und noch gelacht, als er sah, wie aufgeregt jede Ameise schnell ein Ei ergriff und es in Sicherheit zu bringen suchte. Wie hatte der Förster, der gerade dazukam, mit dem Mann geschimpft!

Der Tausendfüßler hörte dem Weberknecht gerne zu und war so recht mit seinem Leben zufrieden.

Eines Tages aber kam ein leuchtend grüngoldener Laufkäfer in sein Revier. Und damit war es um die Ruhe und die Zufriedenheit des Tausendfüßlers geschehen! Er gab sich die größte Mühe, den schönen Laufkäfer auf sich aufmerksam zu machen, denn er hätte ihn gar zu gerne zum Freunde gehabt, aber der senkte nicht einmal zum Gruß seine zarten langen Fühler, ja er schien den Tausendfüßler überhaupt nicht zu sehen!

Der Tausendfüßler aber hatte keine Ruhe mehr und dachte Tag und Nacht nach, wie er dem Laufkäfer imponieren könne. ‚Ich werde mir Holzpantoffeln machen lassen; damit werde ich dann sehr ungewöhnlich und sehr vornehm aussehen. Außerdem wird es herrlich laut klappern. Dann muß mich der Käfer sehen und bewundern!‘ So überlegte der Tausendfüßler, und behende, ohne auch nur einmal an die Reihenfolge seiner vielen Füße zu denken, lief er los, eine große Kiefer hinauf, in der die Holzwürmer hausten.

Er hörte sie schon von weitem, denn ihr Bohren machte ein knarrendes, tickendes Geräusch. Als die Holzwürmer hörten, was der Tausendfüßler wollte, mußten sie so lachen, daß sie eine ganze Weile nicht weiterbohren konnten. Aber weil der Tausendfüßler so flehentlich bat, als hinge sein Leben von den Holzpantinen ab, taten sie ihm endlich den Gefallen. Tagelang mußte er nun eine Stunde um die andere auf die Kiefer steigen und einen Schuh nach dem anderen anprobieren. Endlich waren die tausend Holzpantoffeln fertig.

Weil der Tausendfüßler aber nur Barfußgehen gewöhnt war, fiel es ihm schrecklich schwer, von dem hohen Baum herunterzukommen. 467 Schuhe fielen ihm dabei hinab, und er mußte zwei Stunden im Gras suchen, bis er sie alle wiedergefunden hatte. Schnaufend zog er sie an und wollte losmarschieren, denn in der Ferne sah er den Laufkäfer kommen. Aber er konnte sich mühen, soviel er wollte, er verwechselte plötzlich immerfort seine Füße: Das 345. Bein setzte er plötzlich vor das 324., das 7. vor das 999., und so geschah es, daß er gar nicht von der Stelle kam und nur unbeholfen von einer Seite auf die andere taumelte. Verzweifelt kommandierte er vor sich hin: eins, zwei, drei, vier, fünf, sechs und so weiter, aber es ging einfach nicht. Und gerade da kam der Laufkäfer vorbei. Und anstatt den Tausendfüßler zu bewundern, wie dieser es sich gedacht hatte, lachte er ihn tüchtig aus. Der dumme Tausendfüßler aber klapperte mit seinen Holzpantinen vor Aufregung und Scham wie ein ganzes Regiment Soldaten. Er klapperte immer noch, als der Laufkäfer schon längst weggelaufen war. So beschäftigt war er, seine Füße der Reihe nach aufzusetzen, daß er nicht den Igel ankommen sah, der sich gerade sein Abendbrot suchen wollte. Und schwups! – hatte er den Tausendfüßler mit all seinen Holzpantoffeln aufgefressen. Der Laufkäfer aber hatte sich unter einem trockenen Eichenblatt längst in Sicherheit gebracht, wippte ver-

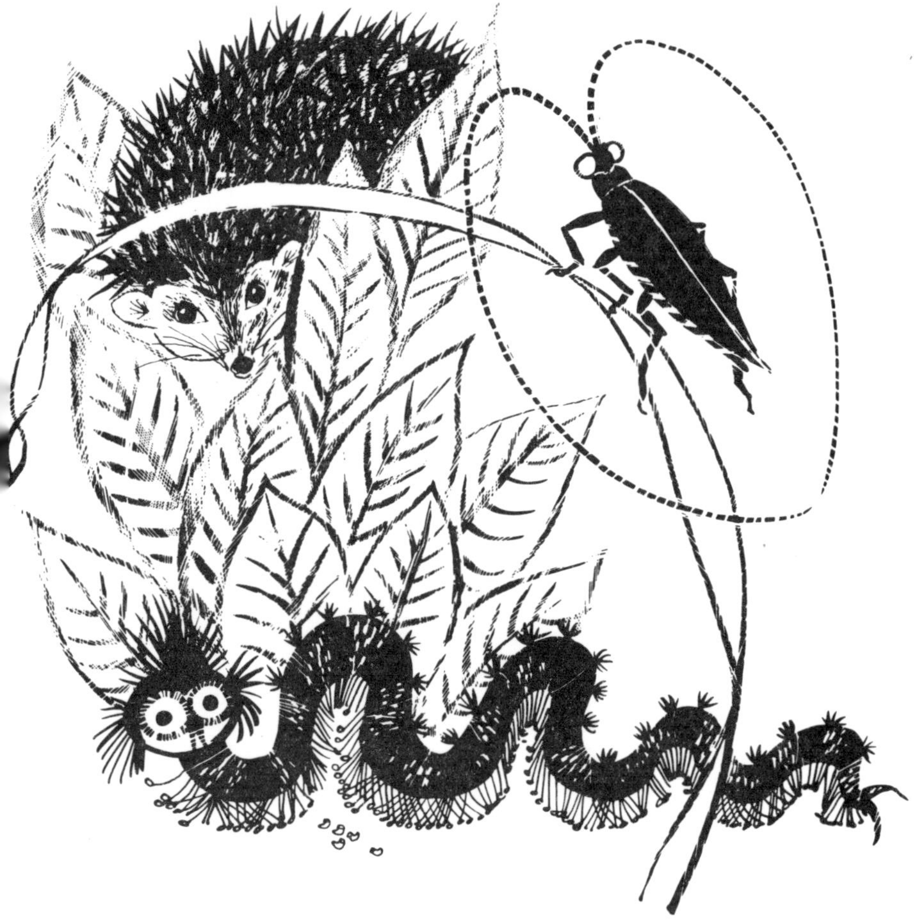

ächtlich mit seinen langen, elegant gebogenen Fühlern und dachte: ‚Ja, ja! So geht es Leuten, die mehr scheinen wollen, als sie sind.'

Der Igel aber bekam von all den Schuhen tüchtig Bauchweh und machte künftig um die Tausendfüßler einen großen Bogen."

„Das war ein feines Märchen!“ sagte Steffi zufrieden. „Es ist herrlich, wenn du da bist, Großmama!“

Da lachte die Großmutter glücklich vor sich hin, und die beiden gingen ins Haus, denn Mutter hatte zum Abendbrot gerufen.

Der Maulwurf und die Igelfamilie

Eines Tages rumpelte die Erde neben Steffi. Sie fuhr erschrocken hoch. Da guckte sie ein putziger kleiner Kerl an, der gerade aus der Erde gekrochen kam.

„Das ist wohl ein Teufelchen!" meinte Steffi lachend.

„Aber nein", lachte Großmama mit, „das ist doch ein Maulwurf! Die Menschen verfolgen ihn, weil sie die Erdhügel, die er bisweilen in ihren Gärten aufwirft, nicht leiden können. Ach ja, und dabei vergessen sie ganz, daß er ihnen die Engerlinge, die Maulwurfsgrillen und allerlei anderes Getier, das ihnen sonst im Garten und auf dem Acker Schaden anrichten würde, wegfrißt."

„Hat der aber niedliche Hände!" rief Steffi. „Doch er müßte sich mal die Fingernägel schneiden."

„Aber nein!" wehrte die Großmutter ab, „gerade die langen starken Nägel braucht er doch zum Graben. Es ist sicher manchmal nicht leicht, sich sein Fressen in der Erde zu suchen."

„Was für ein wunderschönes Fellchen er hat!" meinte Steffi bewundernd. „So weich und dicht und zart wie Samt! Aber er hat ja keine Augen!"

„Doch", erklärte die Großmutter, „die sind nur vom Fellchen verdeckt. Aber da er sie im dunklen Erdreich ohnehin nicht braucht, tut das nichts. Außerdem sind sie sehr klein."

Eines Abends, als die Sonne schon ihre letzten Strahlen in Steffis Garten schickte, kam ein ganz lustiger Geselle angelaufen. Er hatte Augen wie große schwarze Perlen, ein spitzes Mäulchen, und – ja, was war denn das? – er hatte ja gar kein Fell, sondern ein richtiges Stachelkleid!

Steffi tippte mit ihrem Finger auf seine Nasenspitze, aber da rollte er sich auch schon zu einer stacheligen Kugel zusammen, und so sehr sie sich auch bemühte, seinen Kopf zu finden, er wollte ihn nicht mehr zeigen.

Steffi drehte ihn vorsichtig nach allen Seiten und stach sich dabei tüchtig in die Finger. „Wie unfreundlich!" dachte sie. „Ich will ihm doch gar nichts tun, und er piekt rundherum!" Aber als sie sich eine ganze Weile still verhalten hatte, steckte er sein Köpfchen wieder hervor.

„Ein Igel muß vorsichtig sein!" meinte die Großmutter. „Erst neulich hätte beinahe Förster Haferkorns Dackel einen erwischt, aber der Igel war schneller, und so zog der Dackel mit blutender Nase ab. Er wird diese Tiere wohl in Zukunft zufriedenlassen!"

„Ach, so sieht also ein Igel aus! Ich konnte mir gar nichts darunter vorstellen, als du die Geschichte vom Tausendfüßler erzähltest, und dachte, er wäre so etwas wie eine große Maus!" schwatzte Steffi munter drauflos.

Großmama lachte. „Na, nun weißt du es!"

„Wo mag er seine Wohnung haben?" überlegte Steffi.

„Dort hinten, im Gebüsch am Zaun wird er sicherlich wohnen. Er hat's dort so bequem mit dem Futter, und außerdem kann er sich gut verbergen. Am Waldrand hinter der Hecke wimmelt es von Schnecken und Mäusen, die er so gerne mag. Vielleicht hat er sogar Kinder!" meinte Großmutter.

Sie verhielten sich ganz still. Nach einer Weile verschwand der Igel und kam bald darauf mit vier niedlichen kleinen Igelkindern wieder.

„Ach, sind die süß!" rief Steffi begeistert. „Davon möchte ich eines haben!"

„O nein!" sagte Großmutter erschrocken, „das geht nicht! Deine Mutter würde auch keines deiner Geschwister hergeben, aber wenn sie mal erwachsen

sind, sind sie lustige Hausgenossen, die gerne im Keller ihren Winterschlaf halten. Aber jetzt würde die Igelmutter sicherlich weinen."

„Du hast recht!" sagte Steffi. Das sah sie ein. Sie schauten der munteren Gesellschaft noch eine Weile zu und gingen dann ins Haus, denn es war fast dunkel geworden.

Das Nest im Teich

Eines Sonntags sagte Vater zu Steffi: „Soll ich dir mal ein Nest zeigen?"

„Au ja! Gerne!" rief Steffi begeistert und zog ihren Vater schon zur Tür. „Wo ist es denn?" Als die zwei draußen waren, guckte Steffi in alle Hecken und versuchte, etwas zu entdecken.

Aber Vater sagte nur immer: „Komm nur weiter! So hoch oben liegt es nicht."

Da begann Steffi die Wiesen- und Wegränder zu beobachten, aber auch da sagte der Vater: „Das Nest liegt tiefer!"

„Ach", erklärte da Steffi vergnügt, „du machst ja nur Spaß, Vati! Wie kann denn ein Vogelnest tiefer als der Erdboden liegen?"

„Wer sagt denn, daß es ein Vogelnest ist?" lachte Vater. „Es ist ein Fischnest!"

Da lachte auch Steffi, denn nun war es ja klar, daß Vater Spaß machte.

Bald kamen sie an den kleinen Teich hinter Steffis Garten. Sein Boden war teils schlammig, teils mit feinem Kies bedeckt. Klar und durchsichtig stand das Wasser über dem Grund.

„Siehst du dort im Boden das Loch?" fragte der Vater. „Dort hat ein Stichling sein Nest gebaut!"

Steffi sah einige Hälmchen und Teile von Wasserpflanzen aus dem kiesigen Grund ragen. Da kam gerade Herr Stichling angeschwommen. Er war ein kleines, unscheinbares Fischchen, aber seine Flossen endeten in harten Spitzen. Kein Wunder, daß ihn die anderen Fische nicht fressen mochten.

Herr Stichling war über die Störung so empört, daß er vor Ärger seine gräuliche Farbe in eine schöne rötliche und grünliche wechselte.

Vater zog schnell seinen Stock zurück, mit dem er Steffi das Nest gezeigt hatte, denn er wollte Herrn Stichling ja nicht zornig machen.

„Ist denn das wirklich wahr?" wunderte sich Steffi. Sie konnte es einfach nicht glauben, daß ein Fisch ein Nest baute wie ein Vogel.

„Ja, bestimmt!" bestätigte Vater. „Der Stichling ist sogar ein sehr guter Papa! Zuerst baut er aus allerlei abgerissenen Halmen und Wasserpflanzen und was sonst noch im Wasser zu finden ist ein Nest. Er macht das genauso sorgfältig wie ein Vogel. Wenn ein Hälmchen nicht gut liegt, ordnet er es neu mit seinem Maul, und was so leicht ist, daß es wieder an die

Oberfläche treibt, sortiert er aus. Ab und zu schwimmt er darüber hinweg und sondert dabei einen Tropfen einer klebrigen Flüssigkeit ab, mit dessen Hilfe dann alles schön zusammenhält. Manchmal befestigt er auch das Nest zwischen dem Schilf. Es wird ungefähr so groß wie eine Faust. Um all das Baumaterial herbeizuschaffen, braucht er vier Stunden. Eine große Arbeit für solch kleines Fischchen! Dann flickt er noch tagelang daran herum, zieht da ein Hälmchen in eine bessere Lage und stupft dort mit dem Maul ein anderes zurecht. Endlich gefällt es ihm. Dann wartet er, bis ein Stichlingsweibchen vorbeigeschwommen kommt. Er schubst es zuerst freundlich und, wenn es nicht versteht, recht energisch durch das Loch hinein, das er als Eingang zum Nest gelassen hat. Dort legt das Weibchen ein paar Eier ab, bohrt auf der anderen Seite ein zweites Loch und verschwindet dadurch wieder ins freie Wasser. Nun holt sich Herr Stichling ein zweites Weibchen, das wieder ein paar Eier ablegt und durch den Ausgang davonschwimmt. Wenn dann genug Eier im Nest liegen, darf kein Weibchen mehr hinein. Wütend stürzt sich Herr Stichling auf alles, was das Nest bedroht oder nur zu bedrohen scheint. Nach zehn Tagen schlüpfen die Jungen aus. Nun hat der Vater keine ruhige Minute mehr, denn bald möchte die muntere Schar herumtoben."

„Genau wie wir auch!" lachte Steffi fröhlich.

„Wenn ein Fischlein sich zu weit vom Nest wegwagt, nimmt er es ins Maul und trägt es ins Nest zurück. Erst wenn sie sich allein ihr Futter suchen können, überläßt er die Jungen sich selbst."

„Daß ein Fisch solch guter Vater ist, hätte ich nie gedacht!" meinte Steffi anerkennend. „Ich werde jetzt jeden Tag hergehen und gucken, ob die kleinen Stichlingskinder schon ausgeschlüpft sind."

„Das tu nur, es ist ja nicht weit zu gehn", sagte der Vater. „Und wenn ich Zeit habe, besuchen wir einmal eine ‚komische alte Dame'."

„Haha!" lachte da Steffi und dachte: „Was wird das wohl wieder sein?"

Eine „komische alte Dame“

Am nächsten Sonntag, als seit Steffis Besuch am Stichlingsteich schon eine Woche vergangen war, erinnerte sie ihren Vater an sein Versprechen: „Wir wollten doch einmal zu einer ‚komischen alten Dame‘ gehen! Wer ist denn das? Gehen wir heute hin? Jetzt gleich?“

„Ach“, lachte Vater, „ich bin ja noch gar nicht ganz wach! Zu ihr müssen wir gehen, wenn es Abend wird. Den Sonnenschein liebt sie nämlich gar nicht.“

„Na, die scheint wirklich komisch zu sein! Wer mag denn die liebe Sonne nicht?“ wunderte sich Steffi.

„Nicht so ungeduldig, mein Fräulein!“ mahnte Vater. „Wenn es Abend wird, darfst du mich rufen!“

So oft hatte Steffi noch nie zum Himmel geguckt! Aber endlich wurde es doch Abend, und sie lief zum Vater. „Schnell, Vati!“ rief sie, „sonst ist es finster, und wir sehen nichts mehr!“

Als sie durch den Hof gingen, bückte sich der Vater und nahm einen Regenwurm auf.

„Hiii!" entsetzte sich Steffi. „Was willst du denn mit dem Regenwurm?"

„Das ist unser Mitbringsel!" erklärte Vater.

Steffi wurde immer neugieriger. Sie erwartete einen weiten Spaziergang, aber schon im Nachbargarten blieb Vater an einem Holunderbusch stehen. Dort arbeitete Herr Korn, der Nachbar, mit Hacke und Spaten. Vater hatte ihn schon gefragt, ob er mit Steffi einmal kommen dürfe.

Wie staunte Steffi, als Herr Korn leise rief: „Agathe! Agathe!" Und nach einem Weilchen noch einmal: „Agathe!"

Da raschelte es im Gras, und langsam und behäbig kam eine dicke Kröte angekrochen. Vater hielt ihr in kurzer Entfernung den Regenwurm hin und – husch! – hatte sie ihre klebrige Zunge herausgeschnellt und den Regenwurm daran festgeklebt. Es dauerte eine ganze Weile, bis sie ihn aufgefressen hatte.

Steffi war einen Schritt zurückgetreten, denn sie fand die „alte Dame" doch recht furchteinflößend. „Das ist aber ein ekliges Tier, das möchte ich nicht in meinem Garten haben!" meinte sie dann und schüttelte sich.

„Schau sie dir nur genau an", antwortete Herr Korn. „Sie ist das nützlichste Tier, das man im Garten haben kann. Tag für Tag, oder besser Nacht für Nacht vertilgt sie ungeheure Mengen Schädlinge: Schnecken, Engerlinge, Maulwurfsgrillen und alle Käfer. Und Raupen in jeder Zahl! Und sieh nur die schönen orangefarbenen Augen!"

Steffi ging nun doch etwas näher heran. „Ist die schon lange hier in Ihrem Garten?" fragte sie.

„Du wirst es kaum glauben", erzählte Herr Korn, „unsere Agathe wohnt schon zehn Jahre hier in ihrem Erdloch! Und wahrscheinlich wird sie noch zehn Jahre oder länger hierbleiben. Tagsüber ist sie in ihrem Bau, ähnlich wie der Fuchs in seiner Höhle; natürlich ist die Kröte viel kleiner. Und nachts geht sie auf Jagd."

„Ich hätte nie geglaubt, daß Erdkröten auf ihren Namen hören und aus der Hand fressen!" meinte Steffi staunend. „Jetzt finde ich sie gar nicht mehr so häßlich. Aber ich habe gehört, man dürfe Kröten nicht anfassen! Sie hätten Gift auf ihrer Haut!"

„Ach", sagte der Nachbar ärgerlich, „das ist wieder solch ein Märchen, das Menschen den nützlichen Tieren angedichtet haben. Vermutlich haben diese Leute noch nie in ihrem Leben eine Kröte gesehen. Die Kröten sondern zwar eine Flüssigkeit aus den Hautdrüsen ab, aber die schadet keinem etwas. Bringt man zufällig etwas davon auf die Lippen, so kann es ein bißchen brennen, aber selbst da bringt es keinen Schaden."

Allmählich gefiel Steffi die plumpe Agathe immer besser. „Fressen die Kröten auch Schmetterlinge?" wollte sie wissen, denn sie dachte an ihre hübschen Besucher vor ein paar Tagen: den Kohlweißling und das Pfauenauge.

„Nein, die mögen sie nicht! Und weißt du auch, warum? – In alten Zeiten hatte eine besonders unersättliche Kröte einen schönen Schmetterling erwischt und wollte ihn gerade verzehren. Da mußte sie niesen, weil ihr der zarte, bunte Staub, der auf allen

Schmetterlingsflügeln liegt, in die Nase gekommen war. Und nun nieste sie und nieste und nieste und kam vor lauter Niesenmüssen nicht mehr zum Fressen und nicht mehr zum Schlafen. Und nach kurzer Zeit war sie tot. Jede Kröte erzählt diese Geschichte ihren Kindern, und so kommt es, daß die Kröten bis auf den heutigen Tag keine Schmetterlinge mehr fressen mögen. Ich bin sicher, daß Agathe es auch schon ihren Kindern erzählt hat!"

„Ich werde Sie jetzt oft besuchen, wenn ich darf, und Ihrer Agathe auch manchmal einen Regenwurm mitbringen. Aber ich lege ihn nur vor sie hin, denn ich habe Angst vor ihrer klebrigen Zunge!" erklärte Steffi eifrig, und der nette Nachbar freute sich, daß das kleine Mädchen seine treue Agathe nun auch leiden mochte.

„Wenn sie Junge hat, möchte ich zu gerne auch eine für meinen Garten haben!" bat sie.

„Na, wollen mal sehen!" schmunzelte Herr Korn.

Herbst und Winter

Als der Sommer vorüber war, gab es für Steffi wieder viel Arbeit im Garten. Die abgeblühten Blumen wurden 'rausgerissen, und die Erde mußte wieder für das nächste Frühjahr vorbereitet werden. Steffi nahm also wieder Spaten und Harke und grub fleißig das harte Erdreich um. Dabei sah sie noch einmal den Maulwurf, aber der hatte es diesmal eilig, denn er verschwand ganz flink in seinem Gang.

Nun sah das Gärtchen gar nicht mehr so bunt und lustig aus wie im Sommer. Aber da kam der wilde Herbstwind und blies alle Blätter von den Bäumen. Und bald lagen sie wie bunte Farbkleckse überall im Garten verstreut. Steffi sammelte die schönsten, preßte sie in einem dicken Buch und klebte sie auf ein Stück Papier, so daß ein hübsches Bild entstand: Ein Eichhörnchen, das auf einem Baum sitzt und eine Nuß in seinen kleinen Pfoten hält.

Es dauerte nicht lange, da fielen die ersten Schneeflocken und deckten auch die bunten Blätter zu.

„Nun sammelt die Erde Kraft für das nächste Jahr!" sagte der Vater.

Steffi ging hinaus und baute einen schönen Schneemann. Der sollte das Gärtchen während der langen Winterszeit behüten. Dann stellte sie zusammen mit Vater das Vogelhäuschen auf, und Steffi erkannte alle ihre Vogelfreunde vom letzten Winter wieder. Die Großmutter war heimgefahren, und Steffi spielte viel im Zimmer. Nach dem schönen Sommer im Garten war das recht langweilig.

Gar nicht langweilig war es aber, wenn Steffi beim Backen der Weihnachtsplätzchen helfen durfte. Da konnte man Teig schlecken, durfte Haselnüsse in die Plätzchen drücken, und manchmal erzählte Mutter sogar eine hübsche Geschichte.

„Weißt du", sagte sie, „eigentlich müßtest du morgen deinem Schneemann auch noch eine Schneefrau bauen. Der Arme langweilt sich ja sonst genauso wie du oft. Ich weiß ein Gedicht von einem Schneemann und seiner Frau. Es heißt:

Die Schneemänner

Karlchen baute einen Schneemann –
wie man's macht, weiß er genau! –,
und dann setzt er noch daneben
eine dicke Schneemannfrau.

Nachts darauf zur zwölften Stunde
laufen nun die beiden weg,
und sie spielen dicht am Weiher
‚Fang-mich-doch!' und auch ‚Versteck'.

Und sie laufen, und sie rennen,
und sie lachen sich halbtot!
Wie sie schwitzen! Wie sie pusten!
Das macht Spaß! Potzsapperlot!

‚Spät ist's schon!' ruft dann der Schneemann,
‚und der Weg ist weit nach Haus!'
Aber unsre lust'ge Schneefrau
lacht den Schneemann einfach aus.

‚Hei! Jetzt geh' ich erst noch baden
in den Weiher! Sieh mal an!'
Hops! Da ist sie schon im Wasser,
und sie paddelt, was sie kann.

Schneemann ruft: ‚Steig schnell ans Ufer!‘
denn er sieht ihr angstvoll an,
daß sie kleiner wird und kleiner
und sich kaum noch halten kann.

Bald schwimmt auf dem dunklen Weiher
nur noch Schnee – ein kleiner Fleck –,
und nach einer kurzen Weile
ist die ganze Schneefrau weg.

Traurig trabt der Schneemann heimwärts,
und er murmelt aufgeregt:
‚Hätte doch die dumme Schneefrau
lieber vorher überlegt!‘

Ja, so ist's nun mal im Leben:
Wer nur hopst voll Übermut,
ohne erst mal nachzudenken,
dem geht's endlich gar nicht gut."

„Das war lustig", rief Steffi. „Aber ich denke doch immer nach! Findest du nicht?"

„Na, hoffentlich!" lachte Mutter und freute sich, daß Steffi verstanden hatte, was das Gedicht ihr sagen wollte.

Ein paar Tage vor Weihnachten kam dann die Großmama wieder. Steffi wußte, wenn sie kam, war Heiligabend nicht mehr weit. Und was brachte sie ihr immer für wunderhübsche Sachen mit! Ganz vollbehangen war sie mit lauter kleinen und großen Päckchen und – Steffi traute ihren Augen nicht! Was schleppte sie denn da unterm Arm? Es war so groß und breit, daß die Großmutter kaum an die Klingel langen konnte. Aber das war auch nicht nötig, denn Steffi hatte schon den ganzen Tag am Fenster gesessen und Ausschau nach ihr gehalten.

Da brachte doch die Großmutter wirklich einen Baum mit! Einen richtigen Tannenbaum mit Wurzeln – in einem großen Blumentopf!

„So", sagte sie, „das ist für dich, Steffi! Für das Weihnachtsfest darfst du ihn ins Kinderzimmer nehmen und schmücken, dann stellst du ihn ans Kellerfenster und gießt ihn fleißig, und im Frühjahr pflanzt du ihn in deinen Garten!"

„O ja, Großmama!" rief Steffi glücklich. „Ich pflanze ihn mitten auf meine kleine Wiese. Dann haben im nächsten Winter meine Vögel einen richtigen Baum und brauchen keine Tannenzweige mehr an ihrem Vogelhäuschen. Du schenkst mir aber auch immer das, was mir die meiste Freude macht!" Und glückstrahlend trug sie den Baum ins Kinderzimmer.

Wie froh war Steffi, daß die Großmutter gekommen war! Da Mutter nie wollte, daß Großmutter im Haushalt half, hatte Steffi den ganzen langen Tag die Großmutter für sich, und das war einfach wunderbar! Die beiden spielten und sangen, sie bastelten und erzählten sich, wie man nur mit Großmüttern erzählen kann. Und nun war auch der Winter gar nicht mehr langweilig.

Aus Großmamas Geschichtenbuch

Jetzt ging Steffi wieder jeden Abend gerne zu Bett, denn dann kam die Großmutter mit ihrem großen Geschichtenbuch, das schon sehr alt und vom vielen Lesen ein wenig unansehnlich geworden war, setzte ihre Brille auf und rückte sich einen bequemen Stuhl an Steffis Bett. Sie las das ganze Inhaltsverzeichnis vor, und Steffi durfte aussuchen, was sie hören wollte. Da gab es jeden Abend eine ganze Speisenfolge von Geschichten und Gedichten.

Zuerst als Vorspeise ein Gedicht, dann als Suppe eine kleine Geschichte, als Hauptgericht ein Märchen und als Nachtisch etwas zum Nachdenken, wie Großmutter es nannte.

Kein Wunder, daß Steffi sich abends beeilte, ins Bett zu kommen, denn je eher sie im Bett lag, desto länger wurden die einzelnen Gerichte.

Also ging es jetzt immer husch-husch, gewaschen, Zähne geputzt und ins Bett.

Aber vorher stellte sie meistens noch den Sessel bereit und rückte die Lampe zurecht.

„Ich habe das ‚Festessen' schon zusammengestellt, Oma!" verkündete Steffi stolz und blätterte eifrig in dem Buch. „Zuerst, bitte, etwas vom Maulwurf! Seit ich ihn in meinem Garten kennengelernt habe, macht mir das besonders Spaß."

Sie reichte der Großmutter das Buch und ließ sich behaglich in die Kissen fallen.

Und Großmutter begann:

Der Maulwurf Karli

Der Maulwurf Karli kroch gemach
durch einen Wald von Gras.
Er seufzte trotzig-traurig: „Ach,
es macht mir keinen Spaß!
Ich möchte in die Höhe gehn
und mal die Welt von oben sehn
und nicht nur immer Gras!"

Nahm einen langen dünnen Ast
– er wollte bis zur Spitze –
und stieg nun langsam, ohne Hast,
hinauf, trotz Mittagshitze.
Er wagte nicht, sich umzusehn
und wollte immer höher gehn,
hinauf, bis in die Spitze.

Das dürre Ästchen trug ihn nicht,
begann sich leis zu bücken,
ein Knacks, ein Plumps!
Und Karli lag im Grase auf dem Rücken.
Er rappelt sich verdutzt zurück
und gräbt sich schleunigst ein
und futtert Larven, Stück für Stück,
die munden ihm gar fein.

Und bei dem guten Mittagsmahl
verschwindet schnell sein Kummer.
Er denkt bei sich: „Ich bin nun mal
kein Käfer oder Brummer.
Was soll ich auch so hoch hinaus?
Hier in der Erde ist mein Haus.
So manches zarte Flügeltier
wär' sicher gerne mal bei mir."

Er ist nun wieder heiter
und gräbt zufrieden weiter.

„Siehst du", sagte die Großmutter, so geht es Leuten, die mit Gewalt etwas anderes sein wollen, als sie sind. Wenn sie nur immer so schnell wieder zufrieden sein wollten wie der Maulwurf Karli."

„Fein", rief Steffi, „und nun die Suppe, Oma!"

„Ja, ja", nickte die Großmutter, „die ist ja noch auf dem Herd! Ich muß sie zuerst herunternehmen."

Da lachte Steffi und wartete, bis die Großmutter die Seite aufgeschlagen hatte und dann las:

Die Pilzmarie

Am Dorfende wohnte in einer baufälligen Hütte, an der die Fensterläden schief in den Angeln hingen und durch deren löchriges Dach es bisweilen in das einzige kleine Zimmer regnete, die Pilzmarie.

Niemand wußte, wie alt sie war, aber die Kinder im Dorfe erzählten sich flüsternd, sie wäre mindestens hundert Jahre alt.

Weil sie ein wenig wunderlich war und mit ihrem zahnlosen Mund die lauten Kinder ausschimpfte, hatte sie seit langem den Spitznamen „Hexenmarie". Die Kinder drückten sich nur zu gerne, wenn sie von der Mutter beauftragt wurden, der alten Frau Suppe oder Kuchen zu bringen, so daß die Mütter es meistens selbst tun mußten. Die Pilzmarie nahm die Gaben stillschweigend und ohne Dank in Empfang und mochte wohl an bessere Zeiten ihres Lebens denken, als sie das Almosennehmen nicht nötig gehabt hatte. So kam es, daß eigentlich niemand im Dorfe sie mochte und ihr jeder nach Möglichkeit aus dem Wege ging.

Die Pilzmarie lebte im Herbst vom Verkauf der Pilze, die sie trotz ihres hohen Alters emsig sammelte. Morgens, wenn noch der Tau glitzernd in den Spinnweben hing, ging sie aus dem Hause und kehrte erst zurück, wenn die Sonne untergegangen war – und stets war ihr Korb gefüllt. Auch wenn niemand auch nur einen einzigen Pilz fand, so kam doch die Pilzmarie nie ohne reiche Ernte heim, so daß selbst die Erwachsenen versucht waren, an Hexerei zu glauben.

Eines Tages war ein neuer Lehrer ins Dorf gekommen. Sein kleiner Bub hatte noch nicht von den anderen Kindern erfahren, daß es mit der Pilzmarie nicht mit rechten Dingen zugehen konnte, und so grüßte er sie unbefangen und freundlich, als er ihr am Waldrand begegnete, und bot ihr seine Hilfe beim Tragen des schweren Korbes an.

Die Pilzmarie stellte den Korb erstaunt auf den moosigen Boden und brummte etwas Unfreundliches vor sich hin. Zu lange war man ihr aus dem Wege gegangen, als daß sie sogleich ohne Mißtrauen zugestimmt hätte. Der kleine Thomas aber redete freundlich weiter, erzählte, daß er selbst keine Pilze gefunden hätte, wohl aber Eidechsen und Schnekkenhäuser, und daß sie, die Pilzmarie, genau so aussähe wie seine Urgroßmutter, die noch in der Stadt geblieben wäre, aber bald zu ihnen ins Dorf kommen würde. Er fragte, ob sie auch so schöne Geschichten erzählen könne wie diese, und versprach, ohne ihre Antwort abzuwarten, sie einmal

zu besuchen. Dann nahm er den Korb und ging voran. Wäre er neben der Pilzmarie gegangen, so hätte er sehen können, daß ihr zwei dicke Tränen über das runzlige Gesicht liefen. Thomas schwatzte den ganzen Weg und stellte dann den Pilzkorb vor die Tür der Pilzmarie mit der Frage, ob er morgen wiederkommen dürfe. „Macht's dir denn Freude?" fragte die alte Frau leise.

„Ganz gewiß!" antwortete Thomas, „und morgen mußt du mir verraten, wie man Pilze findet."

Die Pilzmarie ging kopfschüttelnd ins Haus. Es erschien ihr heute gar nicht so armselig, und obwohl die Sonne nicht schien, kam es ihr hell und freundlich darin vor. Niemand sah, daß ab und zu über ihr Gesicht ein glückliches Lächeln huschte.

Als Thomas den anderen Kindern erzählte, die Pilzmarie sei so freundlich zu ihm gewesen und morgen ginge er wieder mit ihr in den Wald, da wollten sie ihm nicht glauben. Verstohlen guckten sie am nächsten Tag durch die Gardinen auf die Straße, und als sie Thomas tatsächlich mit der Pilzmarie in den Wald gehen sahen, nahm das Tuscheln kein Ende.

Am Nachmittag kehrte Thomas mit einem großen Korb voller Pilze ins Dorf zurück. Er berichtete, wie ihm die Pilzmarie die Pilzstellen im Walde gezeigt habe, und daß sie genau wisse, wo am nächsten Tag ein Pilz aus dem Boden komme. Man müsse sich die Stellen nur ganz genau merken, an der man einmal einen Pilz gefunden habe, und nicht nur die Augen über den Waldboden hinwegschweifen lassen. Sie habe ihm auch gezeigt, wie man mit einem Stock die welken Blätter am Boden wegschieben müsse, wenn sie einen kleinen Berg bildeten, und wie dann darunter meist ein schöner Steinpilz stände, den man vorher nicht sehen konnte. Und Geschichten könne sie erzählen, die in keinem Märchenbuch ständen!

Da gab es wieder eine lange Beratung unter den Kindern. Dann wurde Thomas beauftragt, die Pilzmarie zu fragen, ob sie nicht auch einmal zu ihr kommen dürften.

Zögernd, und immer noch etwas mißtrauisch, sagte die Pilzmarie, ja, sie dürften kommen. Aber als sie in Thomas' aufrichtige Augen sah, schwanden auch ihre letzten Zweifel an der Ehrlichkeit der Kinder.

Damit begann für die Pilzmarie ein fröhlicherer Lebensabschnitt, und weder sie noch die Kinder mochten sich später daran erinnern, wie es früher gewesen war.

*

„Ist das nicht schön?" fragte die Großmutter.

„Ja! Und nun bitte das Hauptgericht, Großmama!" bettelte Steffi und suchte in dem schönen dicken Buch herum. Da hatte sie schon etwas gefunden! Sie lachte: „Genau wie bei einem richtigen Hauptgericht! Es handelt von Kartoffeln. Das paßt gut!"

„Na, dann wollen wir mal sehen!" sagte die Großmutter und seufzte ein kleines bißchen. Aber Steffi hörte es nicht. Dann las die Großmutter:

Die Geschichte vom Kartoffelfräulein

An einer Wiese wuchs eine Kartoffelpflanze. Sie stand nicht wie ihre Schwestern auf dem Kartoffelacker, sondern sie wuchs am Wiesenrain, denn sie hielt sich für etwas ganz Besonderes. Und so war es auch: An ihren Wurzeln wuchsen nicht viele kleine und große Kartoffeln, wie es üblich ist, sondern nur eine einzige, und die hatte einen Kopf und Arme und Beine.

Als sie eines Tages ausgewachsen war, teilte sie mit ihren Kartoffelarmen die Erde über sich und stieg erwartungsvoll ans Tageslicht. Zuerst lief sie ein Stück den Weg entlang, an dem sie gewachsen war, bis sie an eine blanke Wasserpfütze kam. Da blieb sie stehen und blickte hinein wie in einen Spiegel. Aber zu ihrem Schrecken sah sie ein sandiges, schmutziges Kartoffelgesicht. „Ich will mich in der Pfütze waschen", beschloß sie und streckte vorsichtig ihren kleinen Kartoffelfuß ins Wasser. Und als sie sah, wie schön hell und sauber er geworden war, sprang sie ganz und gar hinein und plätscherte darin herum, daß es nur so spritzte. „Wenn ich nun in die Welt hinauswandern will, dann muß ich mich wohl ein bißchen schön machen!" überlegte sie. Und um sich zuerst einmal zu trocknen, legte sie sich auf ein weiches Mooskissen am Wege, ließ sich die Sonne auf den Bauch scheinen und dachte nach. „Ich werde mir ein Blütenkleid machen", sagte sie und begann sich aus roten Mohnblüten, aus Vergißmeinnicht und Waldveilchen, aus Kornblumen und Rittersporn ein Kleid zu kleben, das ihr so gut gefiel, daß sie schnell noch einmal zu ihrer Spiegelpfütze lief, um sich anzugucken. Sie fand sich prächtig, setzte sich noch einen Veilchenblatthut auf und machte sich auf den Weg in die weite Welt. Und weil die Sonne gar so heiß brannte, pflückte sie sich eine Margerite als Sonnenschirm, den sie sorgsam über ihren Kopf hielt.

Als sie so durch einen Wald kam, saß auf einem Stein eine dicke Waldmaus. Die lachte das feine

Kartoffelfräulein an und sagte: „Fräulein, Sie sehen zum Anbeißen aus, und ich habe ständig Hunger!"

„Oh, nur das nicht!" rief das Kartoffelfräulein entsetzt, „ich brauche meine Arme und Beine und meinen Kopf, denn ich bin auf der Reise um die Welt!"

Da lachte die Maus noch mehr, und das Kartoffelfräulein lief schnell weiter.

Bald kam sie an einen Bach. Sie setzte sich ans Ufer und dachte nach, wie sie wohl auf die andere Seite gelangen könne. Aber es wollte ihr gar nichts einfallen. Endlich kam ein kleines Segelboot aus Zeitungspapier auf sie zugeschwommen. Es war dem kleinen Peter davongefahren, denn immer nur im Bach zu schwimmen, war ihm langweilig geworden. Es wollte an das weite Meer.

„Ach bitte, kleines Segelboot! Bring mich ans andere Ufer!" bat das Kartoffelfräulein.

Das Boot machte halt, knisterte mit den Segeln, was so viel heißen sollte wie: „Komm nur!", ließ das Kartoffelfräulein einsteigen und brachte es sicher ans andere Ufer.

„Danke schön! Und gute Reise!" rief das Kartoffelfräulein und schwenkte seinen Veilchenblatthut, bis das Boot nicht mehr zu sehen war.

Nach vielen Tagen kam das Kartoffelfräulein an das große Meer. Da war nun freilich guter Rat teuer! Es sah nur Wasser, nichts als Wasser! Traurig setzte es sich auf die steilen Felsen am Ufer und sah sehnsüchtig über das weite Meer.

Viele Möwen flogen um die Felsen, und eine setzte sich zu ihm. „Was willst du hier, und warum bist du so traurig?" fragte die Möwe.

„Ach", seufzte das Kartoffelfräulein, „ich bin auf der Wanderschaft, ich will um die Welt reisen, und nun ist sie hier zu Ende, und ich weiß nicht, was ich tun soll."

„Oh", sagte die Möwe und kam sich sehr klug vor, „warte hier nur auf eines der großen Schiffe! Sie fahren viele Wochen übers Meer, bis sie zu einem fremden Land kommen. Eines wird dich gewiß gerne mitnehmen."

So wartete nun das Kartoffelfräulein geduldig, und eines Tages legte wirklich ein riesiges Schiff am

Ufer an. Die Matrosen standen lachend an Deck, und einer sah das Kartoffelfräulein, das bereits tüchtig winkte.

„Seht doch nur die komische Kartoffel dort an", rief er. „Holt den Koch, er soll sie uns zum Mittagessen kochen!" Und sie lachten und lachten, daß das Kartoffelfräulein ganz rot vor Ärger wurde.

Endlich kam Smutje, der Koch. Er hatte eine große Holzkelle in der Hand, denn er kam geradewegs aus der Kombüse und wollte zusehen, was es Lustiges an Deck gäbe. Und weil er mehr von den Kartoffeln verstand als die Matrosen alle zusammen, merkte er sofort, daß es keine gewöhnliche Kartoffel war. Er schob dem Kartoffelfräulein die große Holzkelle entgegen und sagte höflich: „Wenn Sie mit uns kommen wollen, dann steigen Sie bitte auf meine Holzkelle!"

Das Kartoffelfräulein nickte glücklich, setzte sich flink darauf und schlug graziös die Kartoffelbeine übereinander, denn es wollte doch auf keinen Fall kartoffelhaft aussehen, damit man es nicht etwa doch noch in den Kochtopf steckte.

Und der nette Koch hob sie auf das große Schiff. Er gab ihr Wollsachen und machte ihr einen Hut aus Ölpapier, denn ihr zartes Blütenkleidchen hätte der scharfe Seewind gar bald zerrissen.

Nun saß das Kartoffelfräulein jeden Tag auf der äußersten Spitze des Schiffes und sah erwartungsvoll in die Weite. Endlich tauchte in der Ferne Land auf, und als sie näher kamen, erkannte es lauter kleine Chinesenkinder. Die sprangen vor Freude über das Schiff von einem Bein aufs andere, denn sie waren sehr hungrig, und das Schiff war bis obenhin mit Reis beladen, den sie so gern aßen.

Da sah eines der Kinder das kleine Kartoffelfräulein und rief erfreut: „Komm doch zu uns herunter! Wir haben keine einzige Puppe zum Spielen.“

Das Kartoffelfräulein, dem die lange Seefahrt schon recht langweilig geworden war, sagte also seinem Freund, dem Koch, und den Matrosen ade, stieg wieder auf den großen Kochlöffel und ließ sich an Land setzen.

Nun spielte sie jeden Tag mit den Chinesenkindern und hatte so viel Spaß daran, daß sie gar nicht mehr an ihre Weltreise dachte. Und so blieb sie lange Zeit bei den Kindern. Statt der warmen Wollsachen von Smutje hatte sie nun ein Seidenkleidchen an. Sie gefiel sich sehr und war zufrieden.

Eines Tages kam eine große Hungersnot über das Land, und auch die kleinen Chinesenkinder hatten nichts mehr zu essen. Da sagte das Kartoffelfräulein zu Li: „Hier hast du einen Arm von mir, grab ihn in deinen Garten ein, dann wirst du Kartoffeln ernten können, die fast so gut schmecken wie Reis.“

Li tat es, goß fleißig Wasser darauf – wie du, Steffi! – und konnte bald eine Menge Kartoffeln ernten.

Nun kamen auch die anderen hungrigen Kinder und baten um den zweiten Arm und um ein Bein und um das zweite Bein.

Das Kartoffelfräulein aber, das nun schon recht alt und schrumpelig geworden war, gab zuletzt auch noch seinen Bauch und seinen Kopf. Und die Kinder wurden alle satt.

Einmal aber war unter den Kartoffeln, die die Kinder ausgruben, wieder ein kleines Kartoffelfräulein.

Das wurde jubelnd begrüßt, denn nun hatten sie nicht nur zu essen, sondern auch wieder eine Kartoffelpuppe zum Spielen.

Und sie dachten mit Liebe an das alte Kartoffelfräulein, dem sie das alles zu verdanken hatten. –

*

„Uff!" machte Steffi, „das war eine feine Geschichte! Die Kartoffel hatte wirklich ein gutes Herz."

„Ja, ja", nickte die Großmutter, „man kann so oft helfen, wenn man nur die Augen richtig aufmacht. Und nun laß uns noch unseren Nachtisch essen! Es ist schon spät, und du mußt schlafen. Weil wir aber nun schon bis China gekommen sind, wollen wir schnell noch den anderen Ländern der Erde einen Besuch abstatten."

Und sie las:

Denkt daran!

Alle Kinder dieser Erde
sind vor Gottes Angesicht
eine riesige Familie,
ob sie's wissen oder nicht.

Der Indianerbub im Westen,
ob in China Li-wang-Lo,
ob der schwarze Negerjunge
und der kleine Eskimo.

Alle sind genauso gerne
froh und lustig auf der Welt.
Freun sich über Mond und Sterne
unterm gleichen Himmelszelt.

Spielen, singen, lernen, lachen,
raufen sich auch mal geschwind.
Alle sind sie Gottes Kinder,
welcher Farbe sie auch sind.

Laßt uns immer daran denken:
Jedem Kind s e i n Land gefällt!
Wir sind alle Schwestern, Brüder,
in der schönen, großen Welt.

Steffi schloß nachdenklich die Augen und dachte an ihre beiden Negerpuppen, die sie genauso gerne hatte wie all ihre anderen. Wie konnte es auch anders sein!?

Großmutter gab ihr noch einen Gutenachtkuß, und dann schlief Steffi schnell ein. Im Traum schwamm der Maulwurf-Karli auf dem Schiff nach China, ein Chinesenkind spielte in Grönland mit einem kleinen Eskimo, und das Kartoffelfräulein sammelte im Wald Pilze in einen großen Korb.

Als Weihnachten vorüber war und der Frühling kam, holte Steffi Großmutters Tannenbäumchen aus dem Keller und pflanzte es mitten auf ihre Wiese. Aber so viel Zeit hatte sie in diesem Jahr nicht mehr für ihren Garten. Sie war nun sechs Jahre alt und mußte in die Schule gehen.

Aber das war auch sehr schön.

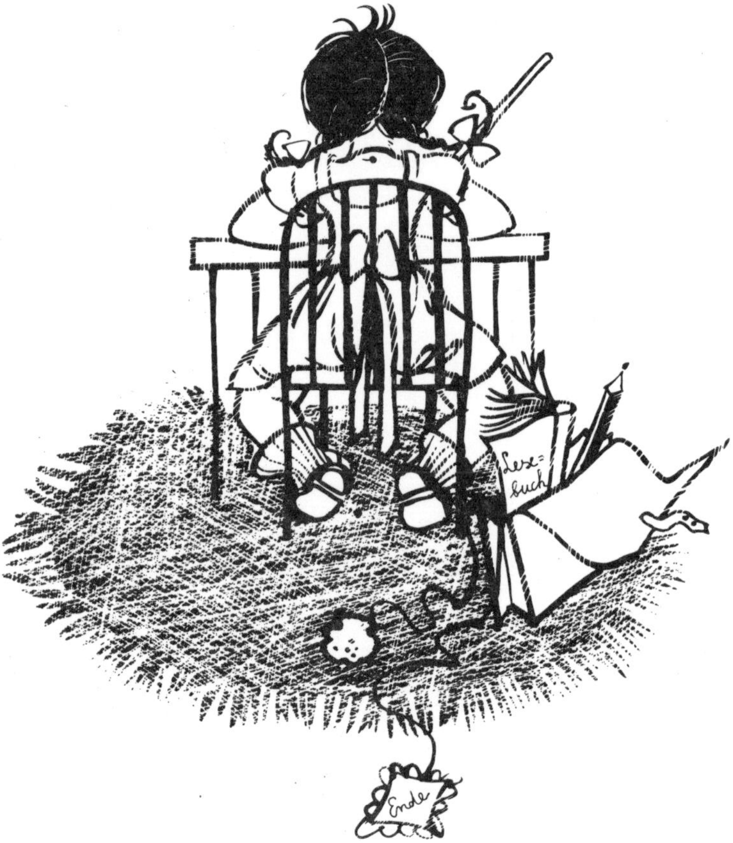

Viele wertvolle Göttinger Jugendbücher mit bunten Innenbildern

Fritz Brustat-Naval	**Windjammer auf großer Fahrt**
James F. Cooper	**Der Lederstrumpf**
Franz Kurowski	**Das Buch der Fallschirmspringer**
Franz Kurowski	**Abenteuer um Diamanten**
Johanna Spyri	**Heidi und Gritli**
Hermann Neuber	**Die fliegenden Retter**
Christa Ruhe	**Sabjan und sein Elefant**
Christa Ruhe	**Miß Adler**
Stevenson/Rosemann	**Schiffe, Schätze und Piraten**
Bürger/Roloff	**Münchhausen/Eulenspiegel**
Christian Carsten	**Der rosarote Omnibus**
Brüder Grimm	**Grimms schönste Märchen**
Grimm, Bechstein, Andersen	**Meine schönsten Märchen**
Helmut Höfling	**Käpt'n Rumbuddel**
Edith Biewend	**Bibulus, der kleine Koch**
Sabine Boehringer	**Flunkerjan und Tintetu**
James F. Cooper	**Der rote Freibeuter**
Wilhelm Fischer	**Klaus Störtebeker**
I. Hubertus-Bauer	**Geschichten zur guten Nacht**
Gerhard Kloss	**Kleiner Bär und Kleiner Büffel**
Kurt Knaak	**Treue Bernhardinerhunde**
Friedrich Feld	**Der König hinter dem Wandschirm**
Jörg Trobitzsch	**Die Adlerinsel**
Berti Breuer-Weber	**Geschichten für das ganze Jahr**
Annemarie Fromme-Bechem	**Krückli und der große Bär**
Kurt Knaak	**Heimat der Seehunde**
Mathilde Sibbers	**Sundewittchen sticht in See**

W. FISCHER-VERLAG · GÖTTINGEN

Neue Offsetbücher mit vielen bunten Bildern

Mark Twain	**Tom Sawyer und Huckleberry Finn**
Herman Melville	**Moby Dick**
Grimm, Bechstein, Andersen	**Das bunte Märchenbuch**
Günter Sachse	**Deutsche Heldensagen**
Schwab/Sachse	**Die schönsten Sagen der Griechen**
Johanna Spyri	**Das bunte Heidi-Buch**
Johanna Spyri	**Das bunte Gritli-Buch**
Johanna Spyri	**Bunte Kindergeschichten**
Robert Louis Stevenson	**Die Schatzinsel**
Mark Twain	**Tom Sawyer**
Mark Twain	**Huckleberry Finn**
Harriet Beecher-Stowe	**Onkel Toms Hütte**
Gottfried A. Bürger	**Münchhausen**
Jonathan Swift	**Gullivers Reisen**
Daniel Defoe	**Robinson Crusoe**
Horst Lipsch	**Kasperles Abenteuer**
Ernst A. Roloff	**Till Eulenspiegel**
Günter Sachse	**Lustige Schwänke**
Günter Sachse	**Lustige Schildbürgerstreiche**
Hans-Christian Andersen	**Andersens Märchen**
Ludwig Bechstein	**Bechsteins Märchen**
Brüder Grimm	**Grimms Märchen**
Günter Sachse	**Gudrun und andere Sagen**
Günter Sachse	**Die Nibelungen**
Günter Sachse	**Dietrich von Bern**
Schwab/Sachse	**Herakles**
Schwab/Sachse	**Der Kampf um Troja**
Schwab/Sachse	**Die Irrfahrten des Odysseus**
Johanna Spyri	**Heidis Lehr- und Wanderjahre**
Johanna Spyri	**Heidi kann brauchen ...**
Johanna Spyri	**Wo Gritlis Kinder ...**
Johanna Spyri	**Gritlis Kinder kommen weiter**
Johanna Spyri	**Das Rosenresli**
Johanna Spyri	**In sicherer Hut**
Herman Melville	**Ahab, der Kapitän**
Herman Melville	**Der Weiße Wal**
Herman Melville	**Die große Jagd**
Jonathan Swift	**Gulliver in Liliput**
Jonathan Swift	**Gulliver bei den Riesen**

W. FISCHER-VERLAG · GÖTTINGEN

.und immer mehr

neue bunte Fischer-Bücher

eiten
bunte Bilder
tdruck
9,80 DM

176 Seiten
viele bunte Bilder
Offsetdruck
8,80 DM

96 Seiten
bunt illustriert
Offsetdruck
6,80 DM

160 Seiten
viele bunte Bilder
Offsetdruck
7,80 DM

eiten
riert
druck
5,95 DM

104 Seiten
viele bunte Bilder
Offsetdruck
5,95 DM

80 Seiten
bunt illustriert
Offsetdruck
4,95 DM

80 Seiten
bunt illustriert
Offsetdruck
4,95 DM

it vollen Segeln auf der bunten Welle

und immer mehr

neue bunte Fischer-Bücher

96 Seiten
illustriert
Offsetdruck
3,95 DM

80 Seiten
bunt illustriert
Offsetdruck
4,95 DM

64 Seiten, Offset
bunt illustriert
Schreibschrift
4,95 DM

96 Seiten
illustriert
Offsetdruck
3,95

128 Seiten
mit Fotos
holzfrei
5,95 DM

124 Seiten
mit Fotos
holzfrei
5,95 DM

64 Seiten
illustriert
holzfrei
2,95 DM

64 Seiten
illustriert
holzfrei
2,9

W. FISCHER-VERLAG · 34 GÖTTINGE